DISCUSSIONS

A LA CHAMBRE DES DÉPUTÉS EN 1833 ET EN 1841

SUR LES

FORTIFICATIONS

DE PARIS

AVEC DES NOTES ET UNE CONCLUSION

PARIS

IMPRIMERIE GÉNÉRALE — LAHURE

9, RUE DE FLEURUS, 9

1870

DISCUSSIONS

A LA CHAMBRE DES DÉPUTÉS EN 1833 ET EN 1841

SUR LES

FORTIFICATIONS DE PARIS

DEUX DISCOURS DE M. LARABIT

ANCIEN DÉPUTÉ.

PRÉAMBULE

La révolution de 1830 s'était faite au nom de la liberté ; on pouvait s'attendre à une nouvelle invasion ennemie dirigée par les gouvernements qui se disaient unis par une sainte alliance. On pensa donc aussitôt à fortifier Paris.

La Belgique, enthousiasmée par l'exemple de la France, avait reconquis son indépendance ; en 1832, pour compléter l'affranchissement de la

---

1. Extraits du *Moniteur*.

nouvelle Belgique devenue notre alliée, nous faisions le siége d'Anvers ; la Prusse, toujours prête la première à attaquer la France, avait réuni un corps d'observation sur la Meuse.

Mais les autres gouvernements restaient neutres ; les peuples de l'Allemagne avaient aussi des aspirations vers la liberté ; ils se plaignaient de leurs princes qui, en 1813 et 1814, pour les exciter contre la France, leur avaient fait beaucoup de promesses bientôt oubliées ! Nous avons eu plusieurs occasions de voir que les habitants des Provinces Rhénanes, électrisés alors par ce mot retentissant de liberté, se trouvaient disposés aussi à secouer le joug de la Prusse, et à désirer leur retour à la France.

Les aspirations des peuples et les hostilités des princes s'affaiblirent peu à peu ; cependant le Gouvernement français, bien averti, sentait la nécessité de fortifier Paris ; mais il hésitait à faire des ouvrages permanents, et les hommes compétents perdaient le temps à discuter.

On avait évalué à 15 000 000 la dépense des fortifications de Paris et de Lyon ; en 1832, on avait déjà dépensé 7 100 100 fr. à Lyon, et on avait fait peu de travaux à Paris. Dans le projet de budget en 1833, on demandait 4 millions pour Paris et Lyon et 600 000 fr. pour Grenoble. La commission législative du budget, au rapport de Camille [1] Périer, proposait une réduction de 2 500 000 fr. sur les fonds demandés pour Paris ; on hésitait toujours à fortifier Paris. Ce n'est pas seulement dans notre temps qu'on a hésité à se

____
1. Frère de Casimir Périer.

tenir prêt à la guerre par la crainte des discussions législatives.

Enfin, pour la première fois, une discussion publique et solennelle s'engagea dans le Corps législatif sur la nécessité de fortifier Paris par des ouvrages permanents, et sur le choix des ouvrages à construire.

Dans un moment où ces fortifications vont peut-être sauver la capitale et la France, et nous avons confiance, il est intéressant de rappeler ces grandes et longues discussions, où se trouvent tant de motifs d'encouragement pour nos braves défenseurs ; et on me pardonnera de rassembler pour moi-même ces anciens souvenirs, en y ajoutant quelques notes et commentaires tirés des malheureuses circonstances actuelles[1].

1. C'est surtout pour moi que je recueille ces souvenirs d'une discussion si importante ; je réimprime, d'après le *Moniteur*, les deux discours que j'ai prononcés en 1833 et 1841, et j'y joins une courte analyse des discours des orateurs qui ont parlé *pour* et *contre*.

Je ferai précéder de la lettre M. les noms des collègues qui existent encore ; pour ceux qui n'existent plus, je ne mettrai que les noms. Hélas ! le plus grand nombre manque à l'appel.

PREMIÈRE DISCUSSION

EN 1833.

—

SÉANCE DU 1ᵉʳ AVRIL 1833.

Le président Dupin invite les orateurs à ne faire d'abord porter la discussion que sur l'allocation de 2 500 000 fr. demandée par le Gouvernement pour les fortifications de Paris, et refusée par la commission.

Le général Subervie désapprouve les 14 forteresses projetées ; il croit que ce seraient d'inutiles remparts contre un ennemi victorieux.

Alexandre de Laborde dit que Paris est le siége de la civilisation et de la liberté, et qu'il faut avant tout songer à le protéger contre l'invasion étrangère.

Benjamin Delessert parle contre le projet ; il est convaincu que si l'ennemi entrait à Paris, il n'y resterait pas malgré les Parisiens.

Le maréchal Soult rappelle qu'en 1815 il a fait plusieurs tournées avec l'empereur pour déterminer les ouvrages de défense qui auraient dû être construits ; il affirme que, dans sa pensée, Paris fortifié lui représente 200 000 hommes, et Lyon 100 000 ; convenablement fortifié, Paris est imprenable.

Passy supplée, comme rapporteur, Camille Périer, malade ; il est convaincu qu'il y aurait d'incontestables avantages à ce qu'une armée vaincue pût se rallier sous le canon de la capitale.

M. Larabit prononce le discours suivant :

« Je crois que la nécessité de fortifier Paris est généralement sentie dans cette Chambre ; du moins, messieurs, vous l'avez implicitement reconnu par plusieurs votes de fonds assez considérables.

Ce n'est pas seulement parce que Paris est l'immense dépôt de toutes nos richesses nationales qu'il faut en interdire la possession à nos ennemis ; c'est surtout parce que Paris est le centre du Gouvernement, que c'est presque le Gouvernement lui-même. Si Paris tombe au pouvoir de l'étranger, l'étranger devient maître, en même temps, de la fortune publique. Tout est à sa discrétion. Le *Moniteur* apprend à la France qu'elle a changé de gouvernement[1], et ce n'est pas seulement sur Paris que le gouvernement nouveau frappe ses contributions de guerre, c'est sur toute la France ; il la morcelle, il la démembre ; il lui impose un joug humiliant ; elle se soumet au joug ! Tel est l'effet funeste de la centralisation de toutes nos affaires, de tous nos besoins, de toutes nos habitudes et pour ainsi dire de toute notre énergie[2].

Mais si la capitale est fortifiée, l'armée française

---

1. Les changements de 1814 et 1815 avaient été faits par l'invasion étrangère ; ceux de 1830, 1848, 1851, 1870, par l'insurrection ; mais c'est toujours le journal qui annonce, affirme et confirme la révolution.

2. Aujourd'hui l'énergie se ranime.

libre dans ses mouvements, peut se dispenser de la couvrir; elle peut se jeter sur les derrières de l'ennemi, ou manœuvrer sur ses flancs, et ce seul mouvement qui compromettrait le salut de l'État si la capitale restait ouverte, menacerait, au contraire, l'ennemi de sa ruine, et l'arrêterait certainement dans sa marche si Paris était fortifié.

Qui ne se souvient de nos désastres en 1814 et 1815? Dans la première de ces deux invasions, Napoléon, fatigué de ses savantes manœuvres, veut se jeter sur les derrières de l'ennemi; il espère que celui-ci suspendra sa marche, pour conserver ses communications avec sa base d'opérations; mais la capitale était ouverte! L'ennemi continue à marcher sur Paris avec trois jours d'avance sur Napoléon; il y fait une révolution.

« Si j'avais pu rentrer à Paris, s'écriait plus « tard Napoléon à l'île d'Elbe, j'aurais renouvelé « la journée des barricades, j'aurais rejeté l'en- « nemi sur le Rhin. »

Il aurait eu le temps d'y rentrer, en effet, et les barricades même, notre dernière ressource, n'auraient pas été nécessaires si Paris avait été fortifié. Les souverains étaient dispersés, inquiets, leurs armées avaient à peine des munitions pour une bataille; notre territoire allait être délivré, et l'ennemi perdait pour jamais l'envie d'envahir la France[1].

En 1815, Napoléon voulut faire fortifier Paris,

---

1. Une première invasion lui a montré la possibilité d'en faire une seconde, une troisième; mais les fortifications de Paris devraient lui ôter pour jamais l'ambition barbare de ruiner la France.

mais le temps lui a manqué, et cependant les fortifications de campagne élevées sur la rive droite
ont suffi pour obliger l'ennemi à un mouvement
de flanc et à un passage de rivière qui l'ont gravement compromis, et qui auraient pu le perdre
si le Gouvernement provisoire, travaillé par la
trahison, n'eût empêché le prince d'Eckmühl de
livrer bataille [1].

A ces grands exemples, nous pouvons ajouter
celui plus récent de Varsovie. Tant que les Russes
en ont été séparés par la Vistule, qui était la fortification naturelle de Varsovie du côté du nord,
la liberté et la nationalité polonaises sont restées
debout; mais, par une fatalité qu'on ne peut attribuer qu'à des influences étrangères, les Polonais ont fait la faute de laisser l'armée russe passer tranquillement la Vistule près des frontières
de Prusse; Varsovie n'était couverte sur la rive
gauche que par des ouvrages sans force, par des
redoutes en terre; Varsovie succomba bientôt, et
avec Varsovie l'indépendance de la nation polonaise et la liberté du Nord. Après la prise de la
capitale, c'est en vain que l'armée voulut encore
se défendre, c'est en vain que la Diète voulut se

1. La rive droite de la Seine avait été solidement fortifiée,
au nord, par des ouvrages en terre, bastionnés et d'un grand
relief; mais la rive gauche était restée découverte; l'ennemi
s'y porta, par un mouvement tournant, par le Pecq et Versailles. Excelmans et le colonel Briqueville lui infligèrent une
rude correction, ainsi qu'aux habitants qui s'étaient livrés
aux Prussiens; les restes de l'armée française étaient réunis
sur les positions d'Issy et Montrouge, mais il n'y avait pas
d'ouvrages de défense, et le Gouvernement provisoire, affaibli
par la trahison, capitula.

réfugier dans la place de Modlyn : la Pologne n'avait plus de corps, la nation était frappée au cœur, elle périt!

Cette nécessité de fortifier les capitales a été comprise par un grand génie, par Vauban, qui avait voulu en faire l'application à Paris, en l'enveloppant d'une enceinte continue.

Napoléon, à Sainte-Hélène, ne se borne plus à regretter une journée de barricades; il fait ressortir la nécessité de fortifier la grande capitale de la grande nation, et ne recule pas devant la nécessité de construire quatre-vingts ou cent fronts, et d'y mettre cinquante ou soixante mille hommes, avec huit cents ou mille pièces d'artillerie.

Il n'est pas inutile de rappeler ici ses paroles remarquables :

« Une grande capitale est la patrie de l'élite de la nation; tous les grands y ont leur domicile, leurs familles ; c'est le centre de l'opinion, c'est le dépôt de tout. C'est la plus grande des contradictions et des inconséquences que de laisser un point aussi important sans défense *immediate*....

« Comment, dira-t-on, vous prétendez fortifier des villes qui ont douze à quinze mille toises de pourtour! Il vous faudra quatre-vingts ou cent fronts, cinquante ou soixante mille hommes de garnison, huit cents ou mille pièces d'artillerie en batterie! mais soixante mille hommes forment une armée; ne vaut-il pas mieux l'employer en ligne? Cette objection est faite, en général, contre les grandes places, mais elle est fausse en ce qu'elle confond un *soldat* avec un *homme*[1]. Sans doute il

1. Il aurait dû se servir du mot *citoyen* ; les citoyens

faut, pour défendre une grande capitale, cinquante ou soixante mille hommes, mais non cinquante ou soixante mille soldats : aux époques de malheurs et de calamités, les États peuvent manquer de soldats, mais ils ne manquent jamais d'hommes pour la défense. Cinquante mille hommes défendront une capitale, en interdiront l'entrée à une armée de trois à quatre cent mille ennemis.... »

La Chambre a déjà compris cette grande nécessité, car elle a voté plusieurs fois des fonds pour fortifier Paris, mais ses intentions n'ont pas été remplies.

Dans la séance du 16 mars 1832, M. le Ministre de la guerre déclarait positivement que tout était arrêté, qu'il n'y avait plus d'incertitude ; et cependant, plus d'un an après, l'exécution de ce vaste projet n'est pas encore commencée ; les fonds votés pour Paris ont été employés à Lyon ou enfouis dans les casemates de Vincennes ; on a perdu plus d'un million sans utilité pour la défense de Paris[1]. C'est ainsi que les intentions des Chambres sont méconnues ; c'est ainsi qu'un vote spécial est devenu presque illusoire.

Cependant, en 1830, la première pensée de ces fortifications de Paris est venue des dangers que courait la patrie. Quand la guerre paraissait imminente, on n'a pas voulu abandonner la France

doivent avoir, au plus haut degré, le sentiment du devoir, de l'honneur et du patriotisme.

1. Les casemates de Vincennes sont admirablement utiles aujourd'hui, mais alors on avait eu le tort d'hésiter pour Paris ; c'était Paris qu'il fallait fortifier avant tout.

aux chances d'une bataille ; on a voulu surtout empêcher l'ennemi de venir frapper au cœur la patrie et la liberté ! Il fallait que le remède fût prompt et décisif ; il fallait se hâter d'élever nos remparts ; mais le temps a été perdu en discussions stériles. Deux ans se sont écoulés, et on n'a presque rien fait encore pour la défense de Paris. Où donc était alors la fermeté, la résolution de M. le Ministre? Il prolongeait les discussions de ses comités, il restait inactif, et si la guerre avait éclaté, Paris aurait été presque sans défense.

Quand on devait agir, on a longuement discuté ; et aujourd'hui[1], quand on nous annonce la paix comme certaine, quand nous ne sommes plus pressés par le temps, on voudrait nous enlever le principe d'une dépense de cinquante ou soixante millions[2], sans discussion, sans examen, sans conviction. Il n'en doit pas être ainsi ; nous devons examiner, non-seulement la question

1. Le lecteur ne doit pas oublier que toutes ces réflexions remontent à 1833.

2. Cette estimation, beaucoup trop vague, paraissait relative aux forts ; le Gouvernement ne s'expliquait pas, mais il paraissait assez clair qu'il ne voulait pas construire l'enceinte, et cependant on doit voir aujourd'hui que c'est l'enceinte qui donne aux forts leur valeur ; l'ennemi ne peut pas attaquer l'enceinte avant d'avoir pris un ou plusieurs forts ; si elle n'existait pas, il aurait passé droit entre les forts, et serait venu s'établir, se répandre dans Paris et y dicter ses conditions barbares. Grâce à l'enceinte et à la fermeté des gardes nationaux, toute surprise et toute attaque de vive force sont devenues impossibles ; l'ennemi hésite donc à attaquer les forts, et si, après les avoir assiégés régulièrement, il en prenait un ou deux, il ne serait pas pour cela dans Paris ; il faudrait encore faire le siége de l'enceinte.

financière dans toute son étendue, mais encore la question militaire et la question politique.

Deux systèmes sont en présence : les uns voudraient entourer Paris par une enceinte continue de quatre-vingts fronts : c'est le système de Vauban, c'est le système de Napoléon ; les autres voudraient construire autour de Paris quinze ou dix-huit forts isolés sur des positions choisies, dont la distance moyenne serait de mille à quinze cents toises.

Entre ces deux systèmes, les hommes de l'art les plus habiles, les plus expérimentés, se partagent à peu près également ; chacun des deux partis soutient son système avec chaleur, avec ténacité ; aucune concession, aucune transaction. M. le Ministre paraît être toujours incertain, puisqu'en présence des dangers de la patrie, son autorité n'a pas tranché la question, et s'il a pris une récente détermination, il est permis de douter qu'il l'ait puisée dans des considérations militaires.

Dans l'état de la discussion, quand les hommes compétents ne peuvent s'entendre ni se rapprocher, il semble qu'elle tombe dans le domaine public ; tous les Français ont l'intelligence militaire ; ils jugent assez bien les questions générales qui se rattachent à la guerre ; cette science est moins obscure qu'on ne pense ; il est des questions qui peuvent être résolues par le bon sens public, et quand il s'agit de fortifier la capitale qui doit être défendue par des citoyens, il faut que l'opinion nationale soit favorable au système de ces fortifications ; je crois donc qu'une loi doit nous être présentée, que les pièces du procès doivent être mises sous nos yeux.

Les partisans du système des forts détachés prétendent avoir l'avantage de l'économie, mais cet avantage leur est contesté par leurs adversaires, qui critiquent les bases et les résultats de leurs évaluations; la question d'économie est d'ailleurs ici très-élastique; car on peut, à volonté, diminuer la dépense en diminuant le nombre des forts, et par conséquent les moyens de défense; mais, si l'on réfléchit, on sentira que le système d'enceinte continue est le seul qui présente tous les fronts à la défense, puisque aucune partie n'est tournée contre Paris comme dans les forts détachés; ceux-ci d'ailleurs exigeraient la construction de nombreux bâtiments pour le logement de leurs garnisons, et cette dépense est inutile[1] dans le système d'enceinte[2]. C'est donc ce dernier système qui doit résoudre au meilleur marché les conditions de défense.

On a cherché à populariser les forts détachés en annonçant qu'ils éloigneraient de Paris le bombardement; mais au lieu d'accréditer un préjugé et une inquiétude sans fondement, les partisans de ce système devraient se réunir à leurs adversaires pour détruire le préjugé et pour mieux éclairer la population de Paris sur un

---

1. Elle peut être plus restreinte.

2. On a construit des casernes et on a sagement fait; mais, à la rigueur, les citoyens chargés de la défense auraient pu bivaquer sous des tentes ou dans les maisons voisines; jamais on ne pouvait s'attendre à un siége aussi long dans une saison aussi dure; l'héroïsme de la population parisienne est admirable.

danger imaginaire: je citerai ici un de nos collègues les plus expérimentés dans la science de l'artillerie, M. le général Demarçay, qui s'écriait dans la séance du 16 mars 1832 : « Quand on dit qu'on bombardera une ville, qu'on la brûlera, ne croyez pas que cela soit aussi aisé à faire qu'à dire; ce sont des chimères. » Le général Vaudoncourt, qui a été aussi officier d'artillerie, regarde cette menace comme bonne tout au plus à effrayer les enfants, et ne méritant pas une réponse sérieuse; il est, en effet, difficile qu'une armée ennemie, qui ne pourrait arriver à Paris sans avoir livré au moins une bataille, et dont les communications en arrière seraient incessamment harcelées, attaquées, puisse mener avec elle un équipage de mortiers à bombes; il est probable qu'elle n'aurait que ses obusiers de campagne, et, en supposant qu'elle en eût quatre-vingts approvisionnés chacun de cent cinquante obus, ce qui ferait douze mille obus, elle ne pourrait jeter dans Paris, en moyenne, que deux ou trois de ces projectiles par hectare de superficie. Quel effet pourrait-elle produire avec de si faibles moyens? Et en supposant qu'un équipage de mortiers à bombes pût arriver jusqu'à Paris, il serait probablement plus mal approvisionné.

Mais[1] quand il serait vrai qu'un bombardement serait à craindre, l'enceinte continue qui doit embrasser les hauteurs voisines de Paris serait aussi

----

1. Le bombardement est devenu possible avec les nouvelles armes à grande portée; mais le transport de ces lourdes pièces et de leurs munitions devient bien difficile (voyez la page 41).

efficace que les forts détachés pour éloigner ces mortiers à bombes; la tête seule des faubourgs pourrait être atteinte, et les travaux qu'il faudrait faire pour s'approcher de l'enceinte continue suffiraient pour absorber le temps et occuper les forces de l'ennemi, et pour lui ôter même tout intérêt à un bombardement, car s'il est obligé de rester[1] quinze jours seulement devant Paris, il est perdu.

Il ne faut pas juger du prétendu bombardement de Paris, d'une ville immense, par l'exemple d'un point comme la citadelle d'Anvers, qu'on peut appeler un véritable nid à bombes, où viennent se concentrer tous les projectiles des assiégeants. A Paris, au contraire, ils se disperseraient sur une immense surface, ou se réduiraient à ravager quelques parties de quelques quartiers isolés, éloignés, qu'on indemniserait[2] plus tard; cette différence est précisément un des principaux avantages des grandes places sur les petites.

On prétend que les forts détachés laisseraient plus de liberté aux mouvements, aux manœuvres et aux sorties offensives de l'armée défensive. C'est encore une erreur; l'enceinte continue couvrirait encore mieux les mouvements de cette armée, et les portes devant être nombreuses et rapprochées, les sorties offensives pourraient se

---

1. L'ennemi est devant Paris depuis quatre-vingt-dix jours et son compte n'est pas fini; mais, si nous n'étions pas délivrés par une armée de secours, ce ne serait pas la faute des fortifications. Il faut toujours l'espérer et combattre.

2. Voyez la note de la page 45.

faire partout avec ensemble et célérité ; elles pourraient même être facilitées et protégées par un vaste chemin couvert.

Enfin, on reproche à l'enceinte continue de mettre des bornes à l'agrandissement de Paris, tandis que les forts détachés lui permettraient de s'étendre sans limites ; ce reproche n'est pas mieux fondé que les autres ; et il suffit de jeter les yeux sur le plan pour se convaincre que la surface de Paris[1] pourrait encore se quadrupler dans l'intérieur de l'enceinte continue, telle qu'elle a été proposée ; elle aurait en outre l'avantage d'imposer aux propriétés voisines une zone de servitudes moins considérable que la somme des zones semblables qui envelopperaient les différents forts.

Les partisans de l'enceinte se flattent, à leur tour, d'offrir plus de sécurité à l'armée défensive et au Gouvernement ; parmi eux se trouve notre honorable collègue, le général Pelet, que j'ai déjà cité. Ils représentent, avec raison, que l'armée ennemie, qui ne pourrait arriver à Paris qu'après une victoire, et qui aurait pour elle la grande influence morale qui en résulte, en profiterait, dans le système des forts détachés, pour pénétrer hardiment jusque dans la capitale, en passant entre les forts, soit la nuit, soit même en plein jour, et en évitant ainsi d'en faire le siége. Cette pointe hardie, qui, à la vérité, ne pourrait réussir en présence d'une population unie et dévouée, aurait des chances de succès presque certaines si l'ennemi pouvait s'appuyer sur un parti révolu-

1. La surface bâtie.

tionnaire, et changer le gouvernement. Trop de malheureux exemples nous ont montré qu'un pareil événement pourrait se réaliser. Et que deviendrait ensuite notre indépendance, si l'ennemi prenait position dans dix-sept ou dix-huit bastilles échelonnées autour de Paris[1]? Le jour de la délivrance ne pourrait plus arriver ; la nation serait à jamais courbée sous le joug.

Il est triste de penser que la question a été résolue plutôt[2] par des considérations politiques du moment que par des considérations militaires. Le Gouvernement, toujours préoccupé des symptômes de mécontentement qui se manifestent dans une partie de la jeunesse, paraît craindre que la population parisienne ne partage un jour ces idées, et c'est pour la contenir qu'il voudrait l'entourer de ces forts détachés. Fausse et maladroite politique! Aujourd'hui, quand il n'y a plus ni prestige de légitimité, ni prestige de gloire, le Gouvernement ne peut fonder sa force que sur l'amour du peuple, et si cet amour se retire, il n'y a pas de bastille qui puisse en tenir lieu.

Et croit-on que si le peuple devenait ennemi du Gouvernement, les soldats, qui sortent du peuple, ne sympathiseraient pas avec lui? Croit-on que si une insurrection populaire était triomphante dans Paris, la garnison de ces bastilles resterait fidèle à un gouvernement frappé de réprobation? Ne suffirait-il pas qu'un régiment

---

1. Ceci s'applique aux forts.
2. On supposait alors que la volonté personnelle du roi Louis-Philippe s'obstinait à vouloir les forts et à rejeter l'enceinte par des considérations politiques.

fût gagné par les mécontents pour leur livrer un ou deux forts? Et les autres, entraînés par ce dangereux exemple, ne se rendraient-ils pas bientôt comme Vincennes en 1830?

Repoussez donc, messieurs les ministres, toutes ces fausses combinaisons de politique intérieure, et ne vous laissez guider dans l'importante question qui nous occupe aujourd'hui que par des considérations militaires. Je ne vous dirai pas que c'est la légalité actuelle qui vous tue, je dirai que ce sont vos frayeurs et vos inquiétudes perpétuelles qui vous tueront.

En résumé, il résulte d'un examen attentif que les forts détachés ne rempliraient pas le but politique pour lequel on paraît vouloir les élever [1], qu'ils offriraient moins de sécurité, dans une guerre d'invasion, qu'une ligne continue; que le bombardement n'est pas à craindre pour Paris, et que, s'il pouvait avoir lieu, la ligne continue serait aussi efficace pour en préserver Paris que les forts détachés; enfin, que cette ligne continue serait moins coûteuse pour une même action défensive, et qu'elle donnerait lieu à des servitudes moins considérables.

J'appuie donc l'avis de la commission qui refuse les fonds des fortifications, non pas pour empêcher de fortifier Paris, mais pour obtenir une loi spéciale; et je réponds à M. de Laborde que ce n'est pas une fin de non-recevoir.

____

1. Oui, mais aujourd'hui, et depuis plus de trois mois, ils éloignent l'ennemi qui n'ose pas en faire le siége; ils rendent d'éminents services parce qu'il y a une enceinte solide qu'il ne peut enlever de vive force.

Quand une loi nous sera présentée, nous ferons ce que ne peut pas faire une commission du budget, surchargée de détails de toute espèce; nous nommerons une commission spéciale qui examinera si le système adopté ne peut pas devenir contraire aux libertés publiques, s'il est le meilleur pour assurer l'indépendance nationale; nous nous rendrons un compte plus exact de la dépense, et comme un tel projet n'a d'utilité réelle qu'autant que son exécution complète n'est pas éloignée, nous examinerons s'il n'y aurait pas à prendre des mesures financières pour réaliser en deux ou trois années la somme totale nécessaire à son exécution, et nous assurer ainsi, dans un bref délai, contre une nouvelle coalition.

C'est en vain, messieurs, qu'on nous refuserait cette loi en disant que la prérogative du roi s'oppose à sa présentation, qu'à lui seul appartient[1] le droit de choisir les points à fortifier et le système de fortifications à employer : ce serait faire abus de ce mot de prérogative; ce serait compromettre cette prérogative, comme les ministres de la Restauration l'ont toujours compromise en l'invoquant incessamment. Nous ne contesterons pas à la Couronne le droit de fortifier, mais il ne peut s'exercer que dans les limites que lui imposent nos propres droits; nous avons aussi notre prérogative, c'est le droit d'examen et de rejet de toutes les dépenses de l'État; c'est le droit d'ap-

---

1. Il n'est pas inutile de faire remarquer ici qu'alors, sous Louis-Philippe, comme sous Charles X, comme naguères sous le gouvernement impérial, c'est toujours le gouvernement personnel qui se fait sentir.

précier si elles sont faites dans l'intérêt public, si elles ne sont pas contraires à nos libertés.

Je vote pour la réduction de la commission ; si tous les ministres n'ont vraiment en vue que la défense de l'État, ils nous apporteront, dès les premiers jours de la prochaine session, une loi particulière avec toutes les pièces à l'appui. » (*Marques d'approbation aux extrémités.*)

Après ce discours, le *général Bernard*, commissaire du Gouvernement, prend la parole :

« Puisque l'honorable préopinant, dit-il, vient de toucher le système des fortifications que le Gouvernement vient d'adopter pour la capitale, je viens vous donner quelques renseignements d'une nature précise, mais technique. La question qui, dans ce moment, occupe la Chambre, est au nombre de celles d'où peut dépendre un jour le salut du pays. Les tristes événements de 1814 et 1815 nous ont démontré que des armées ennemies, très-supérieures en nombre, peuvent franchir la frontière avec impunité. »

Le commissaire du Gouvernement affirme sa préférence pour le système des forts détachés.

Après le commissaire du Gouvernement, la discussion a été reprise par *Salverte*, *Rumilly*, *Debelleyme* : les uns *contre* le projet, surtout *Salverte*, les autres *pour*. On a demandé la clôture. *Le maréchal Clauzel* s'y est opposé, parce que la question touche à l'indépendance de la France, à ses moyens de défense contre l'étranger, à nos libertés intérieures et qu'elle ne paraît pas avoir été assez éclairée.

« C'est à Paris, dit-il, qu'en fortifiant le terrain

et en organisant à l'avance les gardes nationales [1]
mobiles du royaume, nous devons nous préparer
à arrêter l'invasion avec pleine et entière certi-
tude de la rendre fatale à l'agresseur. »

Il opine pour l'enceinte continue.

Le colonel Lamy exprime l'opinion que la
Chambre, ayant déjà voté des crédits spéciaux en
1831 et 1882, a montré qu'elle avait une parfaite
connaissance de la question, et qu'il ne lui reste
qu'à compléter et poursuivre dans le même système.

Une seconde séance a lieu le 2 avril 1833.

Debelleyme propose cet amendement :

« La ville de Paris ne sera fortifiée qu'en vertu
d'une loi. »

Le colonel Paixhans vote les allocations por-
tées au projet du budget.

Le général Demarçay compte peu sur la défense des forts détachés. « Ce qui vaut mieux,
dit-il, que toutes les places fortes du monde,
c'est l'énergie des habitants ! »

Le maréchal Soult invite la Chambre à voter
un crédit à cause des engagements qu'il a pris, et
il fait la promesse de présenter fort prochaine-
ment un projet de loi sur les fortifications de
Paris.

M. Odilon Barrot résume les principales objections contre les forts détachés et demande
qu'on n'abandonne pas le système de défense
auquel Napoléon avait songé.

Le maréchal Soult s'étonne que l'on conteste
au Gouvernement le droit de choisir.

---

1. Il y a trente-sept ans que nous demandio s l'organisation des gardes nationales mobiles.

Le garde des sceaux s'étonne des inquiétudes qu'excite le projet.

Debelleyme abandonne son amendement puisque le Gouvernement s'engage à présenter une loi.

Passy, rapporteur, d'après la promesse du Gouvernement, propose de voter la somme de huit cent quatre-vingt-quinze mille huit cents francs, qui représente les cinq douzièmes provisoires de la somme demandée.

Car deux ans après la révolution de 1830, on était encore sous le régime irrégulier du provisoire.

Malgré ses déclarations, le Gouvernement a laissé passer huit années sans s'occuper de la question. A toutes les époques on a eu le tort de ne pas être prêt. La question n'a été reprise qu'en 1841, après une époque où la question d'Orient a failli amener une guerre générale, sous le ministère de M. Thiers.

DEUXIÈME DISCUSSION

EN 1841.

Le Gouvernement avait laissé dormir la question de 1833 à 1841 ; mais en 1840, sous le ministère dont M. Thiers était président, la France avait été sur le point de faire ou de recevoir des déclarations de guerre, et la guerre aurait pu devenir générale.

Le Gouvernement, préoccupé des dangers qui pouvaient en résulter, reprit la question des fortifications au point où elle était restée en 1833, et le ministère du maréchal Soult et de M. Guizot, ministre des affaires étrangères, proposa à la Chambre des députés un projet de fortifications pour Paris, composé d'une vaste enceinte continue et de quatorze forts extérieurs; c'était le projet indiqué dans la discussion de 1833; mais il était clair, sans qu'on en fît l'aveu, que le Gouvernement attachait de l'importance à obtenir les forts extérieurs, et aurait renoncé volontiers à l'enceinte continue, tandis qu'au contraire, dans la Chambre des députés, un parti militaire nombreux, représenté par Arago, voulait absolument obtenir l'enceinte continue.

Le projet présenté par le Gouvernement était donc un projet de transaction.

M. Thiers, redevenu simple député, fut nommé rapporteur de la Commission chargée d'étudier le projet.

Il fit son rapport le 13 janvier 1841, rapport très-savant, très-développé, très-étudié pour tous les détails qui touchent à la défense, pour tout ce qui touche aux approvisionnements, à l'armement, aux munitions; il a soutenu le projet dans son ensemble avec une grande ténacité, et avec éloquence.

La discussion, dont voici l'analyse, a beaucoup d'intérêt dans les circonstances où nous sommes; c'est une triste expérience qui permet de juger parfaitement les raisons et les objections des orateurs des deux camps.

La discussion a commencé le 21 janvier 1841 et a duré neuf jours, jusqu'au 1ᵉʳ février.

SÉANCE DU 21 JANVIER.

De Golbéry s'oppose au projet, qu'il regarde comme dangereux et funeste pour l'unité nationale; il désire pour la France des armées nombreuses et aguerries, ayant un moral décidé et une discipline sévère. Le problème, dit-il, a été résolu en Prusse.

Le maréchal Soult annonce immédiatement trois projets de loi pour l'armée.

Le marquis Just¹ de Chasseloup-Laubat approuve le projet de fortifications, auquel se rattachent les plus grands intérêts du pays, son indépendance, son existence et son avenir comme nation.

Lamartine blâme cette fortification gigantesque au nom de la liberté et de la civilisation; il accepte la responsabilité sérieuse, terrible peut-être, qui s'attachera dans l'avenir à ceux qui se trompent, et qui, en se trompant, auront peut-être compromis le pays.

« Le soldat français, dit-il, est le premier sol-
« dat du monde quand il marche en avant. »

Il cite un mot de *Vauban* : On ne préserve de la ruine un gouvernement qu'en le préservant de *toute irrévérence*².

1. C'était l'aîné des trois frères.
2. Grande leçon pour ceux qui ont cru fortifier Napoléon III en le livrant à la liberté des injures; tous les jours *l'irrévérence*.

SÉANCE DU 22 JANVIER.

M. Carnot dit que son père a toujours soutenu les avantages des places fortes : ce sont, disait-il, des monuments de paix; cependant, il n'a pas voulu fortifier Paris[1].

Le maréchal Soult présente un projet de loi pour l'appel de 80 000 hommes.

M. Thiers, rapporteur, répond à M. Carnot que si son glorieux père, en 1815, a renoncé à la défense de Paris, c'est qu'alors il ne pouvait pas fournir une défense sérieuse et suffisante.

M. Monnier de la Sizeranne vote pour les fortifications : il ne faut pas que les leçons du passé soient perdues pour l'avenir. La France ne peut pas vouloir subir une troisième invasion.

Pagès de l'Ariége vote contre le projet; il veut une grande place de guerre derrière la Loire.

Le maréchal Soult déclare, dans un long exposé, qu'il a plusieurs fois modifié ses vues; il demande aujourd'hui que les travaux de l'enceinte continue et du camp retranché soient exécutés simultanément tantôt sur l'une des rives de la Seine, tantôt sur l'autre, suivant la volonté du gouvernement du roi.

Plusieurs membres, et M. Thiers, rapporteur, s'étonnent de son langage confus, et demandent

---

1. En 1815, il était trop tard; mais en 1793, la Convention avait fait faire dans la plaine de Saint-Denis des ouvrages de campagne; le professeur *Duhays* nous a fait visiter, en 1811, les restes de ces ouvrages; c'était alors une simple curiosité.

si le ministre abandonne le projet convenu avec
la Commission.

Le maréchal répond qu'il veut le camp retranché, mais qu'il ne refuse pas un parti aussi avan-
tageux, parce qu'on veut *doubler la dot.*

SÉANCE DU 23 JANVIER.

Le général Paixhans expose qu'il a déjà publié,
avant 1830, un écrit dans lequel il a établi que le
double système des fortifications est nécessaire
pour la défense de Paris.

Il ajoute que la puissance des armes de la ma-
rine transportées au service de terre serait d'un
très-grand secours.

De Tracy s'oppose au projet; il prétend qu'il
n'aurait de succès que dans la supposition d'une
coalition universelle comme celle de 1813.

M. de Rémusat. Si Paris restait ouvert, l'énergie des populations serait perdue; elles se senti-
raient vaincues dans la capitale.

Le marquis de Mornay s'étonne que ceux qui
revendiquent le plus la fierté du langage à l'égard
de l'étranger viennent parler de murailles à construire pour nous soustraire à ses coups.

SÉANCE DU LUNDI 25 JANVIER.

SALVANDY, président.

La Tournelle. C'est une garantie de plus pour
la paix, et contre les passions anarchiques, auxquelles on pourrait faire un appel désordonné si
Paris était découvert.

Janvier critique le Ministère sur ses alliances parlementaires dans cette question.

M. Guizot, ministre des Affaires étrangères, rappelle que ce projet, préparé sous le maréchal Gouvion Saint-Cyr, était resté oublié dans les cartons jusqu'au ministère du duc de Clermont-Tonnerre. Il ajoute une particularité curieuse, que les ministres les plus influents de cette époque, Villèle et Corbières, s'y opposèrent, et qu'un seul ministre appuya le ministre de la Guerre, ce fut l'évêque d'Hermopolis.

Garnier Pagès, l'aîné, craint que l'adoption du projet ne fasse hâter les tentatives de l'étranger pour ramener la dynastie déchue.

Il reproche à plusieurs de ses amis d'avoir varié dans la question.

Clôture de la discussion générale.

SÉANCE DU 26 JANVIER.

Long et savant résumé de la question par M. Thiers. *Janvier* et autres parlent sur l'ordre de la discussion.

SÉANCE DU 27 JANVIER.

Le projet demande cent quarante millions pour l'enceinte et les forts; Beaumont de la Somme propose de réduire cette somme à vingt millions, pour être employés aux forts de Saint-Denis et de Charenton.

Le maréchal Sébastiani, ancien soldat, ensuite député et ministre, ne veut pas rester étranger à cette grande discussion; il affirme que Paris est le vrai point stratégique de la France, comme étant le nœud de toutes les routes qui viennent y converger de toutes les extrémités du pays, comme étant assis près du confluent de plusieurs rivières. Indépendamment de tant d'autres considérations importantes, ce point stratégique doit nécessairement être fortifié; il appuie les deux systèmes.

Joly admet la nécessité de fortifier Paris, mais il repousse les forts comme menaçant Paris.

M. de Chabaud-Latour. L'enceinte est très-forte en elle-même, parce que la plupart de ses fronts sont en ligne droite; les forts la rendent inexpugnable. Il n'est pas vrai que ces forts puissent être assiégés et enlevés facilement. On peut les comparer, pour la défense, à la citadelle d'Anvers. Il a fallu, pour la prendre, trente-trois jours d'investissement et de tranchée ouverte; il a fallu, pour le transport du matériel par terre, deux mille voitures et quatorze mille chevaux.

Arthur de Labourdonnais dit qu'il faut pourvoir à la défense des frontières avant de fortifier Paris.

Janvier prétend que Napoléon et Vauban avaient un double but, défendre Paris et le dominer.

Le général Schneider propose de réduire le crédit à quatre-vingts millions, pour faire une ceinture d'ouvrages permanents, à quatre mille mètres, au moins, du mur actuel d'octroi.

Le général Bugeaud, habitué aux opérations offensives, préférait d'abord un camp retranché, permettant de sortir librement entre les forts pour attaquer l'ennemi; mais il reconnaît aujourd'hui, d'après la discussion , qu'il faut une base solide, c'est l'enceinte ; il voudrait qu'après l'avoir construite, on renonçât à cinquante de nos places, qui ne servent qu'à disséminer nos troupes.

M. de Vatry appuie l'amendement, parce que, dit-il, les grandes villes sont incapables de souffrir un siége, à cause des désastres et des souffrances qui en résultent.

SÉANCE DU 28 JANVIER.

Grandin prétend, en s'appuyant sur un dernier ouvrage du général Rogniat, que le mur d'octroi actuel doit suffire, s'il est soutenu par les forts.

M. Larabit, d'après le directeur de l'octroi de Paris , répond que ce mur d'octroi est tous les jours franchi par les fraudeurs.

De Bussières combat l'amendement et vote pour le projet de loi.

Lamartine soutient de nouveau que le siége d'une grande ville amènerait une sédition en permanence ; il prétend qu'en 1810 on avait proposé à Napoléon de fortifier Paris, et qu'il avait repoussé cette proposition avec dédain.

M. de Rémusat répond au préopinant que tout ce qu'il a dit équivaut à soutenir que Paris ne doit pas se défendre, et en définitive on pourrait toujours dire que tous les moyens de force qu'on lui donnerait pourraient être tournés contre la liberté.

Georges Lafayette dit qu'en 1815 son père se borna à aller, avec le bureau de la Chambre, remercier l'empereur du mouvement généreux qui l'avait porté à abdiquer.

M. Odilon Barrot. La France doit être défendue au cœur : en 1815 Paris était ouvert ; il s'agit maintenant de le couvrir ; tout ce qui a été dit pour la liberté par l'illustre Lamartine porte moins contre l'enceinte que contre les forts détachés.

Mauguin signale les dangers de la concentration d'un immense matériel à Paris ; il vote pour l'amendement du général Schneider.

M. Dufaure. Avant la liberté passe l'indépendance nationale ; quand l'indépendance l'exige, demandez des sacrifices à la liberté ; elle ne doit pas les refuser.

SÉANCE DU VENDREDI 29 JANVIER.

Arago combat l'amendement Schneider.

Il cite une lettre de Vauban à Racine.

« La France, après s'être ruinée et avoir consommé un million d'hommes pour s'élargir et se faire une frontière, tombe tout d'un coup, sans aucune nécessité ; tout ce qu'elle a fait depuis quarante ans ne servira qu'à fournir à ses ennemis de quoi achever de la perdre. Que dira-t-on de nous à l'étranger? A quel mépris n'allons-nous pas être exposés! Les Etats se maintiennent plus par leur réputation que par la force. Nous serons le mépris comme l'aversion de nos voisins. — On nous promet la paix générale ; elle sera plus infâme que celle qui déshonora Henri II[1]. »

1. Cette lettre s'appliquerait à notre époque si Paris ne se défendait pas.

Arago représente que les frontières, telles qu'elles ont été constituées par les traités de 1815, nous exposent à voir l'ennemi se porter sur Paris par une marche de sept jours. — Paris, pour les princes de l'Europe, est la Révolution incarnée.

Il admet un fort sur le mont Valérien pour renfermer en temps de paix les munitions et les armes de toute nature, afin qu'elles ne restent pas sur les remparts à la disposition de la première émeute.

Passy appuie l'amendement; il désire que Paris soit fortifié, mais il regarde l'enceinte comme superflue et nuisible.

Discussion incidente entre Passy et le rapporteur.

SÉANCE DU 30 JANVIER.

Le général Schneider demande l'état des frais d'armement qui seront nécessaires pour la ville de Paris.

Le général Tugnot de Lanoye, commissaire du Gouvernement, évalue à 13 bouches à feu par front l'armement de sûreté. Il faudrait, pour l'enceinte et les forts, 2000 bouches à feu, à raison de 13 par front, et en outre 300 bouches à feu de réserve, et que la dépense du matériel s'élèverait à plus de 33 millions.

Une longue discussion s'élève entre le rapporteur et le Ministre, qui semble approuver l'amendement, tandis que, dans la commission, il paraissait d'accord avec elle pour le repousser.

M. Guizot, ministre des Affaires étrangères,

pour mettre fin à cette dissidence, affirme que, dans l'opinion du Gouvernement, le projet de loi est la meilleure manière, la seule efficace techniquement, la seule efficace politiquement et moralement, de résoudre cette grande question.

Mais il pense que la simultanéité des constructions de l'enceinte et des forts n'est pas une question essentielle.

MM. Dufaure et *Odilon Barrot* se déclarent pour la simultanéité.

L'amendement du général Schneider est rejeté à la majorité de 236 voix contre 176.

Le Président. Ici viennent se placer les amendements; l'amendement de M. Portalis, celui de M. Larabit et celui de M. Denis.

Portalis demande qu'aucun ouvrage extérieur ne puisse être entrepris avant l'achèvement de l'enceinte continue.

M. Larabit demande que les ouvrages de Saint-Denis, de Charenton et de Paris soient achevés avant que les autres ouvrages extérieurs puissent être entrepris.

M. Denis propose un amendement ainsi conçu; je le lis sur-le-champ, parce qu'il n'a été distribué que ce matin à la Chambre.

« On ne commencera l'enceinte continue que lorsque les forts détachés seront complétement achevés. » (*Exclamations nombreuses.*)

L'amendement de M. Portalis étant évidemment celui qui s'éloigne le plus du projet de loi, si MM. Larabit et Portalis ne réunissent pas leur amendement, M. Portalis doit avoir le premier la parole.

Portalis. Je ne désire pas parler le premier;

je comprends très-bien qu'il y a beaucoup de rapport entre l'amendement que M. Larabit a proposé et celui que j'ai eu l'honneur de soumettre moi-même.

M. Larabit est plus à même que moi de soutenir cet amendement, sous le point de vue militaire particulièrement ; je demanderai seulement à la Chambre la permission d'appuyer l'amendement de M. Larabit aussitôt qu'il l'aura développé.

Plusieurs voix. Réunissez votre amendement à celui de M. Larabit.

Portalis. Je ne puis pas me réunir à cet amendement ; voici pourquoi : mon amendement n'est pas seulement une question de priorité, c'est aussi une question d'exécution.

Ainsi, par exemple, je désire qu'une nature de travaux que je spécifie soit poursuivie sans interruption ; j'ai des motifs pour cela (*on rit*). La Chambre en jugera ; et comme je ne trouve pas dans l'amendement de M. Larabit....

M. Larabit. J'accepte l'amendement de M. Portalis.

Le Président. M. Larabit acceptant la rédaction de M. Portalis, je lui donne la parole.

M. de Schauenburg. Alors votre amendement est évidemment retiré.

M. Larabit. L'amendement de M. Portalis répondait tout à fait à ma pensée, car mon désir est que l'enceinte continue soit poursuivie sans interruption. J'accepte donc tout naturellement la rédaction de M. Portalis, et je le remercie de vouloir bien me céder la parole.

Messieurs, au point où en est arrivée la discussion....

M. Denis. L'amendement de M. Portalis détruirait complétement le mien. (*Rires et bruit.*) Il n'y a pas plus de raison à faire passer l'amendement de M. Portalis avant le mien que de faire passer.... (*Interruption.*)

Le Président. M. Denis est dans son droit quand il élève une question de priorité ; et, en effet, il est difficile de décider, et le Président lui-même est incapable de décider quel est l'amendement qui s'éloigne le plus du projet de loi, de celui qui veut qu'on commence par l'enceinte continue ou de celui qui veut qu'on commence par les ouvrages extérieurs.

M. Denis. Je demande la parole sur la question de priorité.

Plusieurs voix. Il faut laisser développer les deux amendements en même temps.

M. Larabit. Je ne conteste pas à mon honorable collègue M. Denis le droit de venir réclamer la priorité pour son amendement, mais je représenterai à la Chambre que déjà la parole m'avait été donnée et que j'avais déjà commencé à parler pour mon amendement. (*Bruit confus.*)

M. Denis. Mon amendement a évidemment pour but de tenir l'ennemi plus éloigné de la capitale et par conséquent il s'éloigne davantage du projet de loi. (*Rire général.*)

Je n'entrerai pas dans de longues considérations sur la valeur de mon amendement.

M. Larabit. Ce n'est pas la question.

Le Président. M. Denis n'a pas la parole sur l'amendement, mais sur la question de priorité.

MM. les secrétaires me font remarquer que les difficultés de la nature de celle qui s'élève ont été quelquefois tranchées par l'antériorité de présentation. Il est certain que sous ce rapport M. Portalis et M. Larabit auraient un avantage sur M. Denis.

Je dois ajouter que M. Denis aurait peut-être dû choisir un autre moment pour élever la difficulté, et réclamer la priorité lorsque le Président a donné connaissance à la Chambre des trois amendements.

M. Denis. Je ne pense pas qu'il y ait des antécédents sur cette question, je ne le crois pas.

Le Président. Je consulte la Chambre sur la priorité réclamée pour l'amendement de M. Portalis, repris par M. Larabit.

La Chambre, consultée, accorde la priorité à l'amendement de MM. Portalis et Larabit.

Le Président. Je donne la parole à M. Larabit.

M. Larabit. Au point où en sont arrivées la discussion et la délibération, je ne voudrais pas occuper longtemps la tribune; déjà la cause de l'enceinte continue est gagnée, et la Chambre a rendu un grand service au pays en assurant une garantie puissante à la défense nationale; elle a rendu un grand service à l'armée en donnant des moyens de défense à la population parisienne; l'armée saura, je l'espère, que ses efforts et son courage ne seront plus trahis par une nouvelle capitulation de la capitale.

Mais il m'importe aussi, messieurs, de rassurer ceux de nos collègues qui doutent encore de la valeur défensive de notre enceinte continue. On s'effrayait, avant-hier, de ces mots : *muraille bastionnée;* on nous demandait : Est-ce une en-

ceinte de sûreté, ou une enceinte de siége que vous
voulez faire ? Je réponds que l'on ne construit jamais de lignes sans flanquement ; et que les parties qui flanquent doivent être aussi flanquées ;
c'est ce que nous appelons une ligne bastionnée.
Je réponds encore que c'est une *enceinte de sûreté* capable de soutenir un siége, et que si elle
ne pouvait pas soutenir un siége, elle ne donnerait pas de sûreté.

J'ajoute que cette enceinte, par sa nature et
ses dispositions, sera d'une force extrême, qu'elle
sera si forte que l'étranger ne pensera pas à l'attaquer ; suivant la noble et belle expression de
Carnot, ce sera un monument de paix !

Vous avez entendu M. le général Bugeaud, le
jour de son départ[1] ; il vous disait qu'habitué aux
grandes manœuvres de troupes, et connaissant
moins les fortifications, il préférait d'abord un
camp retranché pour avoir ses coudées franches
et ses mouvements plus libres ; mais que quand
les hommes de l'art lui avaient expliqué la valeur
défensive de l'enceinte, il en avait été frappé, et
qu'il sentait combien elle était supérieure à tous
les forts détachés qu'on veut construire en avant.

Chacun de vous, messieurs, en réfléchissant,
peut apprécier, comme lui, la valeur relative de
l'enceinte et des forts.

M. Arago vous a dit : Petite place, mauvaise
place. C'est un axiome militaire. Une grande place,
au contraire, est beaucoup plus forte par cela
même qu'elle est grande ; le même front est beaucoup plus fort dans une grande place que le

1. Pour l'Algérie.

même front dans une petite place ; la raison en est simple. Dans une petite place dont les angles sont sur un cercle étroit, les attaques peuvent embrasser, cerner pour ainsi dire, prendre à revers la défense, tandis que dans une grande place, la défense se présente à l'attaque avec un front égal et souvent même avec un front supérieur.

M. Arago vous a montré qu'il était absurde de supposer qu'on pouvait combler un fossé de 30 mètres de large, ou enlever une escarpe de 10 mètres, par escalade.

Pour suppléer au comblement, on bat en brèche ; mais si l'enceinte est bien établie, le mur d'escarpe sera complétement dérobé, par la crête des glacis, à toutes les vues de campagne, de sorte que pour battre en brèche, il faudra venir établir les batteries de brèche jusque sur le sommet du glacis. Or cette opération ne peut se faire tant que la place conserve une forte artillerie ; il est nécessaire, comme l'a dit M. Arago, d'éteindre les feux de la place par des batteries à ricochets, dont il vous a fort bien expliqué le jeu et les effets, et qui doivent s'établir sur le prolongement de Paris.

Mais c'est ici surtout que se trouve l'immense avantage d'une grande place sur une petite place ; car pour les petites places les prolongements des faces sur lesquelles on établit des batteries à ricochets, s'élancent dans la campagne, loin des bastions voisins, de sorte que les batteries peuvent s'établir avec facilité, elles ruinent promptement l'artillerie de la petite place, et comme cette artillerie est nécessairement restreinte à 50 ou 60 pièces, la brèche peut être bientôt faite.

Dans l'enceinte continue, au contraire, les fronts seront presque tous en ligne droite, les angles des bastions très-obtus, de sorte que les prolongements des faces raseront, pour ainsi dire, les bastions voisins en s'en écartant fort peu ; les batteries de ricochets seraient donc prises d'enfilade, d'écharpe et de revers, et il serait impossible de les établir. Et quand même on y parviendrait, on ne pourrait jamais éteindre toute l'artillerie de l'enceinte continue puisqu'elle aurait 800 ou 1000 pièces. L'assiégé aurait une artillerie inépuisable qui tirerait presque à bout portant, et qui empêcherait l'établissement des batteries à ricochets, des batteries de brèche et des brèches. Ainsi pas d'assaut possible ; et quand bien même, par impossible, l'assiégeant aurait pu faire brèche et donner un assaut, on aurait connu d'avance la marche de ses attaques, on aurait su d'avance les points où il se proposait de faire brèche, et on y aurait préparé, d'avance, un retranchement intérieur ; on aurait donc encore, même après le succès d'un assaut, une excellente défense à faire, avec artillerie et mousqueterie, sur un point connu et préparé longtemps à l'avance.

Et c'est alors qu'il serait encore temps de songer, si l'on voulait, à cette défense des faubourgs et des barricades qui nous a été conseillée, avant-hier, par M. le général Schneider, défense brillante, si c'est une défense désespérée, mais beaucoup moins sûre et moins facile que la défense organisée de nos remparts.

Mais avec tant de ressources, prétendez-vous, nous dira-t-on, que Paris sera imprenable ? Messieurs, des murailles ne se défendent pas elles-mêmes, mais si elles sont défendues avec courage, intelligence et 800 pièces d'artillerie, elles seront imprenables.

Et nous devons compter sur le courage et l'intelligence de la population parisienne. Elle est brave et aventureuse, nous a dit M. le rapporteur, elle le sera plus encore quand Paris sera fortifié ; car il semble que les fortifications donnent l'instinct de la guerre et l'esprit militaire ; nos populations les plus belliqueuses ne sont-elles pas celles de Strasbourg, de Metz, de Lille et des frontières ?

Oui, nous devons compter sur la population de Paris ; nous n'avons pas oublié qu'en 1814 et 1815, le peuple de Paris demandait des armes ; nous n'avons pas oublié que la partie généreuse de la jeunesse riche s'armait, en 1814, de ses fusils de chasse, et venait tirailler à côté de nos soldats.

Nous devons compter sur la garde nationale, qui ne pourrait pas combattre en rase campagne ni dans les forts, mais qui défendrait parfaitement notre enceinte, ainsi que l'a dit Napoléon.

Nous espérons aussi que le Gouvernement réorganiserait cette belle artillerie parisienne, qui pourrait fournir quatre mille canonniers, et dont l'intelligence et la bravoure serviraient d'exemple à toute la population.

M. Thiers vous disait hier, d'après les renseignements qui lui ont été donnés, que pour assiéger une telle enceinte, il faudrait trois cents pièces de siége ; cet énorme matériel exigerait, suivant M. Arago, quinze mille voitures et soixante-quinze mille chevaux, pour le seul parc d'artillerie ; ajoutez à cela mille voitures par jour, pour les transports ordinaires de vivres et de munitions d'une armée de deux cent mille hommes. Il est impossible que de pareils envois traversent nos lignes de places fortes, s'il reste une armée active, quelque faible qu'elle soit, sur les derrières de l'ennemi. Et, cependant, avec cette immense quantité d'artillerie, l'ennemi serait encore en grande infériorité vis-à-vis de l'artillerie de l'enceinte, composée de huit cents à mille pièces, dans les positions les plus favorables pour écraser l'ennemi s'il voulait agir.

Nous devons donc répéter encore que Paris ne serait pas attaqué; la nécessité d'un aussi immense matériel, et son infériorité relative à notre armement, ne permettraient pas à l'ennemi de penser à une telle opération.

Je répète que notre fortification doit être un monument de paix.

Mais on demande si nous nous préoccupons assez de la liberté. Ici, j'ai à cœur de répondre à notre illustre collègue M. de Lamartine. Il a dit qu'aucun des amis ardents de la liberté ne s'était fait inscrire pour le projet de loi. Nous lui répondons que nous sommes un grand nombre d'amis sincères de la liberté qui votons la loi, amis d'autant plus sincères que nous sommes décidés à la défendre non-seulement contre les erreurs ou les passions du pouvoir, mais encore et surtout contre l'étranger.

Et nous dirons que notre enceinte ne peut présenter aucun danger contre la liberté; elle sera gardée par des citoyens, ou par des soldats vivant au milieu de leurs concitoyens; escarpée vers le dehors de la ville et bordée d'un fossé profond, elle sera ouverte partout du côté de l'intérieur; son terre-plein, partout abordable par des pentes faciles, sera presque de niveau avec le terrain naturel ; on ne le dépassera que de quelques mètres. Dans beaucoup d'endroits, même, il sera dominé par des élévations ou des maisons intérieures. Comment donc cette enceinte pourrait-elle jamais servir d'instrument contre la liberté ? Un pareil reproche n'a pas été compris par ceux qui l'ont exprimé.

Quant à l'aspect de ces ouvrages, ils ne présenteront, au dedans comme au dehors, que de la verdure, ou des formes simples et régulières. On ne verra pas cette muraille, dont on a cherché à vous effrayer ; on ne verra que des plantations qui. sur les glacis et à l'intérieur, formeront de magnifiques promenades, et acquerront, avec le temps, une grande valeur.

Examinons maintenant les ouvrages accessoires que l'on veut construire en avant de l'enceinte.

On veut, dit-on, avoir un camp retranché pour l'armée qui devra couvrir Paris ; mais nos adversaires ont-ils donc oublié qu'ils nous ont dit que c'était en Champagne que l'armée devait défendre Paris ? Oui, c'est en Champagne, c'est même sur les frontières, et au delà des frontières, que l'armée doit défendre la France ; mais si elle éprouve des revers, si elle est faible, si elle est obligée de céder du terrain, elle ne doit pas se laisser acculer à Paris, elle doit se jeter sur les derrières ou sur les flancs de l'ennemi ; elle doit couper ses convois, elle doit le harceler partout où il est faible et ne pas lui résister de front.

Observation de décembre 1870.

Ici se trouvait une longue critique des forts qui étaient proposés par le Gouvernement; le député qui parlait ne voulait pas d'autres forts que le Mont-Valérien, Saint-Denis et Charenton.

Ils suffisaient, suivant lui, pour éloigner de Paris toute crainte d'un bombardement; il était établi en principe, dans nos écoles, que cette menace n'est qu'un moyen barbare qui ne doit pas effrayer une brave garnison; que si elle est pourvue de vivres et de munitions, elle peut toujours se défendre, malgré le bombardement, aussi longtemps que les escarpes n'ont pas été battues en brèche, et même plus longtemps encore si la garnison a eu le courage et la prévoyance de préparer, en arrière des brèches, des fortifications intérieures et des barricades; il était admis et professé que le bombardement est un mal inutile si la défense est savamment conduite. Que de difficultés, d'ailleurs, pour amener devant Paris le matériel nécessaire pour bombarder!

Cependant, aujourd'hui il faut reconnaître que les raisonnements du député qui parlait il y a trente ans s'appliquaient à l'ancienne artillerie, ainsi que les assertions du général Demarçay et du général Vaud-Gaudoncourt, mais qu'aujourd'hui les canons rayés, et les puissants calibres, et la forme, et la composition des obus, ont changé les proportions de l'attaque et de la défense pour les officiers du génie comme pour ceux de l'artillerie. Les obusiers portent beaucoup plus loin que dans le temps de ces discussions rétrospectives de 1833 et 1841 ; ils portent plus juste[1]. En outre, à Paris, plu-

---

1. Dans cette guerre fatale, malheur aux généraux qui n'ont pas assez réfléchi, et qui ne se sont pas rendu compte des changements que les armes nouvelles ont dû apporter dans la tactique.

sieurs véritables villes nouvelles et de nombreuses usines se sont construites dans l'intérieur de l'enceinte et occupent de vastes emplacements qui autrefois étaient vides ; ces villes nouvelles sont généralement pauvres, mais ont droit à être protégées comme la partie centrale de Paris ; il est donc heureux que les quatorze forts alors proposés aient été construits ; on a même récemment jugé nécessaire d'en construire de nouveaux pour mieux assurer la défense, et nos généreux mobiles y travaillent tous les jours, et l'on voit que l'ennemi ne se hasarde pas à en faire le siége ; c'est lui qui cherche à se fortifier ; car, s'il a des obus à longue portée, nous en avons aussi ; nous avons d'excellents pointeurs et nos braves marins, et tous les jours il est tourmenté et bouleversé dans ses positions ; il n'ose pas, ou il ne sait pas attaquer nos forts d'après la méthode savante de *Vauban*, suivie par le général Haxo devant la citadelle d'Anvers. Nous voudrions qu'il attaquât, et s'il venait à prendre des forts et à vouloir attaquer l'enceinte, c'est là que seraient pour nous les plus puissants moyens de défense par les feux croisés et rapprochés de nos bastions ; il n'ose pas s'y frotter, et on dirait qu'il ne sait pas faire un siége. Il paraît qu'il a mis son seul espoir dans la famine, mais la famine, c'est un moyen d'attaque indéfiniment prolongé contre des femmes, des enfants, des vieillards ; c'est l'arme d'un ennemi nombreux, mais barbare et sans cœur ; au reste, ce procédé d'attaque nous donne du temps ; depuis trois mois nos armées s'organisent, et nous devons espérer que bientôt des armées nouvelles arriveront pour débloquer Paris et refouler au delà de nos frontières cette armée d'ennemis féroces.

Après une critique, aujourd'hui sans intérêt, sur la multiplicité des forts, qui occupent une armée de dix-huit ou vingt mille hommes, et sur le dédain qu'on doit avoir pour les menaces d'un bombar-

dement, nous reprenons la suite du discours de
1841 :

Si l'on veut encore rassurer davantage contre
le bombardement, j'aimerais mieux, au lieu des
forts, construire l'enceinte plus en avant de mille
ou quinze cents mètres, sur une partie seulement
de son pourtour, c'est-à-dire de Pantin à Charenton, et de Charenton au point même où l'enceinte
s'avance sur la rive droite de la Seine, au lieu dit
le *Point du jour :* on aurait ainsi l'avantage de
comprendre dans l'enceinte le confluent des deux
rivières ; elle aurait un triple débouché sur les
quatre rives des deux fleuves, et on n'augmente-
rait le développement total de l'enceinte que de
2 ou 3000 mètres, c'est-à-dire d'un douzième,
et on aurait de vastes territoires libres pour nour-
rir des troupeaux en cas de siége.

Je n'en fais pas la proposition à la Chambre, je
me borne à soumettre cette observation à M. le
Ministre de la guerre afin qu'elle soit examinée
par les hommes de l'art.

Mais j'ai voulu prouver à la Chambre que la
force du système de fortification proposé réside
dans l'enceinte, et que les forts n'ont pas toute
l'utilité et toute l'efficacité qu'on leur attribue.

Je ne les repousse pourtant pas d'une manière
absolue, comme M. Arago ; j'accepte le Mont-
Valérien, qui peut servir de magasin en aval de
Paris et qui a l'avantage de dominer deux pres-
qu'îles immenses, dont la possession sera toujours
bien utile à la défense.

Si l'on veut encore d'autres ouvrages en avant
de l'enceinte pour favoriser les sorties, j'aimerais

mieux, comme le voulait l'Empereur en 1815[1],
trois ou quatre redoutes en terre sur les plateaux
de Romainville et de Ménilmontant, éclairées et
protégées par l'enceinte, et croisant entre elles
leurs feux.

Au reste, Messieurs, quelle que soit la détermination qui sera prise sur les forts avancés, il est
évident qu'ils ne doivent être considérés que
comme accessoires, et que l'enceinte est la partie
principale du projet.

Il est donc sage de commencer, comme je
vous le propose, par ce qu'il y a de plus pressé et
de plus utile; il est important de ne pas diviser
les moyens d'exécution; il est important d'achever l'enceinte en deux ou trois ans, au lieu de la
faire en cinq ou six. Suivant une expression très-
juste que je trouve dans une brochure de M. le
général Pelet, il faut y mettre *notre premier et
notre dernier écu* jusqu'à ce qu'elle soit terminée.
Jamais on ne fait autrement, il n'y a pas de place
tant que l'enceinte est incomplète, tant que l'enceinte n'est pas fermée; et remarquez qu'en met-
tant tous nos moyens d'exécution à l'enceinte,
nous pouvons avoir, en une année, une enceinte
complète et défensive; car on peut facilement,
dans la campage prochaine, donner au fossé toute
sa profondeur, et construire l'escarpe à 5 ou
6 mètres de hauteur, ce qui produirait déjà une
enceinte de sûreté capable de résister à une atta-

---

1. Avant de partir pour la campagne de Waterloo, j'ai
tracé et fait élever deux de ces redoutes, auxquelles les gardes nationaux de Paris travaillaient avec ardeur; j'y ai reçu
plusieurs fois la visite et les observations de Napoléon Ier.

que de vive force, capable de soutenir un siége. Mais je sais bien que c'est par transaction qu'on nous propose les forts et l'enceinte ; je sais bien qu'on ne nous concède l'enceinte que pour avoir les forts ; c'est une transaction qui coûtera 50 ou 60 millions, et qui retardera la construction de l'enceinte au grand préjudice de nos intérêts de défense, si notre amendement n'est pas adopté [1].

Le maréchal Soult n'accepte pas cet amendement ; il veut définitivement la loi tout entière telle qu'elle est proposée.

Portalis, Lherbette, Denis, Taillandier, Combarel de Layval, font encore diverses observations ; il en résulte que la zone des servitudes ne s'étendra pas au delà de 250 mètres, et qu'il faudra une loi pour armer la place et les forts.

M. Glais-Bizoin propose une disposition additionnelle ; il veut les fortifications complètes, et pour en être certain, il demande que les plans soient annexés à la loi.

La loi est adoptée au scrutin, à notre grande satisfaction et dans une sage prévision de l'avenir.

---

1. Nous tenions essentiellement à obtenir l'enceinte ; aujourd'hui les forts rendent les plus grands services, et leur ligne ne peut être franchie parce qu'ils ne sont attaqués que de loin, et qu'ils ont pour réserve une enceinte solidement constituée. Mais on craignait, en 1841, qu'elle ne fût négligée ou même abandonnée par le gouvernement, qui avait toujours donné la préférence aux forts détachés ; c'est M. Thiers, rapporteur, qui a demandé avec ténacité et obtenu par son influence la simultanéité.

CONCLUSION

On doit reconnaître aujourd'hui que le double système adopté par la conciliation des deux parties parlementaires de 1841 a rendu notre capitale vraiment imprenable. Une armée immense, parfaitement disciplinée, n'ose pas attaquer les forts à fond; si elle l'osait, et si plusieurs de ces forts étaient tombés en son pouvoir, elle trouverait dans l'enceinte une force défensive bien plus puissante encore, à cause des feux croisés de tant de fronts bastionnés; c'est là, sur les glacis et dans les fossés, qu'elle trouverait son tombeau; mais, pour que tous ces bastions nous sauvent, il faut qu'ils soient animés par des cœurs de citoyens bien décidés, et grâce à Dieu, nous trouvons dans la grande majorité de nos gardes nationaux une patience et une décision qui doivent sauver la France et faire l'admiration du monde.

Cette belle garde nationale de Paris a devant elle nos mobiles des départements, dont plusieurs sont déjà signalés à la reconnaissance nationale; nos positions sont aussi défendues par les restes d'une armée malheureuse, qui aurait été puissante si la discipline y avait été plus solide, et qui va se relever de ses revers.

On a dit plusieurs fois, dans ces discussions de
1833 et de 1841, qu'une armée ennemie ne tien-
drait pas quinze jours devant Paris; mais on a
toujours supposé qu'il y aurait une armée de secours. Patience! Plusieurs se forment. La longa-
nimité de la population parisienne leur donne le
temps de se former; les provinces s'arment pour
venir au secours de la capitale; la victoire sera
pour les masses qui auront eu le plus de patience
et de courage.

Mais par quelle fatalité faut-il que le complé-
ment nécessaire de notre armée, la garde nationale mobile, n'ait pas été fortement organisée
bien avant la guerre? Cette organisation, nous la
demandions dès 1831 avec les généraux Lamar-
que, Subervic et le maréchal Clauzel; elle avait
été écrite plusieurs fois dans nos lois, et enfin
formellement et spécialement déterminée par la
loi du 28 janvier 1868. Ne sont-ils pas bien
coupables les ministres et autres personnages politiques qui ont négligé l'exécution des lois et le
système définitif du maréchal Niel.

Mais parmi les nations allemandes qui nous
font la guerre aujourd'hui avec un entraînement
barbare, plusieurs, en 1866 et 1867, désiraient et
demandaient notre alliance et nos secours; plusieurs y avaient des droits; mais il y avait déjà
chez nous aveuglement, atonie et faiblesse. Dans
cet acharnement imprévu, il y a des causes allemandes d'orgueil et d'égoïsme contre notre race
française. L'histoire dira quelles sont les causes de
ces jalousies et de ces haines qui ont fait tout à
coup explosion contre la France. Dieu est juste et

nous vengera sans doute par les Allemands eux-
mêmes.

Enfin, pour conclure, nous devons affirmer
notre ferme espérance que nos fortifications sau-
veront Paris et la France dans cette crise épou-
vantable de 1870. Ayons de la patience et sachons
attendre et combattre.

Imprimerie générale. — Lahure, rue de Fleurus, 9, à Paris.